Vorwort

Die ersten Sonnenstrahlen lassen sich sehen, bald kommt
die Sommerzeit.
Die Lust auf erfrischende Kreationen steigt. Sie finden in
meinem Buch sowohl Backrezepte, als auch Rezepte für
Getränke, Marmeladen und andere Speisen.
Alle Rezepte sind sowohl für den Thermomix TM5 als
auch für alle anderen Thermomix Geräte geschrieben
worden.
Ich wünsche Ihnen viel Spaß beim Nachzaubern.

Inhaltsangabe

Spinat Granatapfel Smoothie

Kiwi Gurken Smoothie

Heidelbeere Orangen Bananen
Mohn Smoothie

Vanille Macarons

Brombeere Macarons

Baiser

Erdbeer Baiser

Pfefferminz Baiser

Zitronen Baiser

Möhren Muffins

Kaffee Cupcake

Vanille Cupcake

Schokoladen Cookies

Orangen Vanille Waffeln

Blaubeer Waffeln

Schokoladen Erdbeere Waffeln

Herzwaffeln mit Früchten und Kuvertüre

Honig Apfel Waffeln

Nachtrag zum Impressum / Copyright

Pastinakensuppe

Zutaten

1 Zwiebel, geschält
250 g Pastinaken, geschält, in Stücken
100 g Möhren, in Stücken
30 g Öl
300 g heiße Gemüsebrühe
100 g Creme fraiche
Salz, Muskat und Pfeffer, nach Geschmack
Prise Piment gemahlen

Zubereitung
Den Mixtopf auf Stufe 5 Stellen und den Messbecher
entfernen. Die Zwiebel ins offene Messer fallen lassen.
Grob 5 Sekunden zerkleinern. Das Öl hinzufügen und auf
Stufe 1/ 100 Grad/ 2 Minuten andünsten. Die übrigen
Zutaten in den Mixtopf geben und auf Stufe 5/ 30
Sekunden zerkleinern. Bei 100 Grad/ Stufe 1/ 18 Minuten
kochen und genießen.

Gulaschsuppe

Zubereitung
2 Zwiebeln in Ringen
40 g Erdnussöl
400 g Rindergulasch gewürfelt
750 g Brühe
200 g Rotwein, trocken
Salz, Pfeffer, Paprika Rosenscharf nach Geschmack
1 TL Kümmel
1 zerdrückte Knoblauchzehe
250 g Tomaten aus der Dose in Stücken
1 Schote gelber Paprika
300 g Kartoffeln in Würfeln

Zubereitung

Das Öl in den Mixtopf geben und 30 Sekunden/ Stufe 1/ 120 Grad erwärmen. Nun die Zwiebeln hinzufügen und 3 Minuten/ 120 Grad/ Stufe 1. Jetzt das Gulasch hinzugeben und 5 Minuten/ 120 Grad/ Stufe 1. Die übrigen Zutaten in den Topf einwiegen und 70 Minuten/ 100 Grad/ Stufe 1. Guten Appetit.

Süßkartoffeln Möhrensuppe

Zutaten
1 Zwiebel in Stücken
30 g Öl
200 g Möhren, geschält und in Stücken
200 g Süßkartoffeln, in Stücken
500 g Wasser
3 TL Gemüsebrühe
100 g Crème fraîche
1 Chilischote, getrocknet
Salz, Pfeffer
Muskat

Zubereitung

Das Öl in den Mixtopf geben und 30 Sekunden/ Stufe 1/ 120 Grad erwärmen. Die Zwiebel hinein geben und 2 Minuten/ Stufe 1/ 120 Grad. Nun die übrigen Zutaten außer Crème fraîche hinein geben und 20 Minuten/ 100 Grad/ Stufe 2. Alles auf Stufe 5/1 Minute pürieren. Nun Crème fraîche hinzugeben und nochmals 15 Sekunden/ Stufe 5. Sie können die Suppe genießen.

Zitronen Pfefferminz Eis

Zutaten
Saft von 2 Zitronen
500 g Joghurt, gefroren
1 Eiweiß
180 g Zucker
200 g starker Pfefferminztee,
abgekühlt

Zubereitung
Alle Zutaten in den Mixtopf geben. Auf Stufe 10 / 1
Minute zerkleinern. Mit dem Spatel nochmals alles nach
unten schieben und weitere 30 Sekunden / Stufe 10.
Das Eis kann sofort serviert werden.

Pistazien Eis

Zutaten
100 g Pistazien
500 g Milch, gefroren
200 g Sahne
120 g Zucker
50 g Amaretto

Zubereitung
Alle Zutaten in den Mixtopf geben. Auf Stufe 10 / 1
Minute zerkleinern. Mit dem Spatel nochmals alles nach
unten schieben und weitere 30 Sekunden / Stufe 10.
Das Eis kann sofort serviert werden.

Waldbeere Buttermilch Eis

Zutaten
300 g Waldbeeren
500 g Buttermilch, gefroren
180 g Zucker
200 g Buttermilch, gekühlt

Zubereitung
Alle Zutaten in den Mixtopf geben. Auf Stufe 10 / 1
Minute zerkleinern. Mit dem Spatel nochmals alles nach
unten schieben und weitere 30 Sekunden / Stufe 10.
Das Eis kann sofort serviert werden.

Schoko Mint Eis

Zutaten
100 g After Eight Schokolade, gefroren
400 g Sahne, gefroren
100 g Zucker
200 g Milch

Zubereitung
Alle Zutaten in den Mixtopf geben. Auf Stufe 10 / 1
Minute zerkleinern. Mit dem Spatel nochmals alles nach
unten schieben und weitere 30 Sekunden / Stufe 10.
Das Eis kann sofort serviert werden.

Pistazien weiße Schokoladen Eis

Zutaten
100 g Pistazien
100 g weiße Schokolade
400 g Milch, gefroren
200 g Sahne
80 g Zucker

Zubereitung
Alle Zutaten in den Mixtopf geben. Auf Stufe 10 / 1
Minute zerkleinern. Mit dem Spatel nochmals alles nach
unten schieben und weitere 30 Sekunden / Stufe 10.
Das Eis kann sofort serviert werden.

Veganes Mandel Eis

Zutaten
200 g Mandeln
500 g gefrorene Soja Milch
200 g Soja Sahne, gekühlt
120 g Zucker

Zubereitung
Alle Zutaten in den Mixtopf geben. Auf Stufe 10 / 1
Minute zerkleinern. Mit dem Spatel nochmals alles nach
unten schieben und weitere 30 Sekunden / Stufe 10.
Das Eis kann sofort serviert werden.

Eierlikör Pudding

Zutaten
100 g Eierlikör
400 g Milch
100 g Sahne
1 Pck. Vanille Zucker
45 g Speisestärke
10 g Butter
80 g Zucker

Zubereitung
Alle Zutaten in den Mixtopf geben und auf Stufe 10 / 5
Sekunden zerkleinern. Auf Stufe 2 / 100 Grad / 8
Minuten kochen. Umfüllen und erkalten lassen. Guten
Appetit!

Erdbeer Pudding

Zutaten
100 g Erdbeeren
400 g Milch
100 g Sahne
1 Pck. Vanille Zucker
42 g Speisestärke
10 g Butter
80 g Zucker

Zubereitung
Zuerst die Erdbeeren

 in den Mixtopf geben. Auf Stufe 10 / 5 Sekunden
zerkleinern. Nun die übrigen Zutaten hinzugeben.
Nochmals auf Stufe 10 / 5 Sekunden zerkleinern. Auf
Stufe 2 / 100 Grad / 8 Minuten kochen. Umfüllen und
erkalten lassen. Guten Appetit!

Grüner Power Smoothie

Zutaten
150 g Kiwi, in Stücken
½ Salatgurke
1 Apfel, geviertelt
50 g Salat
80 g Zucker
1 Prise Salz
1 Prise Pfeffer
400 g Joghurt
1 EL Sahne
100 g Mineralwasser
10 Eiswürfel

Zubereitung
Alle Zutaten in den Mixtopf geben und auf Stufe 5/ 30 Sekunden mischen. Nochmals alles nach unten schieben und 20 Sekunden / Stufe 10. Umfüllen und genießen.

Spinat Granatapfel Smoothie

Zutaten
100 g Spinat, frisch
50 g Erdbeer Marmelade
Fleisch eines Granatapfels
500 g Joghurt
100 g Sahne
1 TL Zucker
1 TL Salz
1 Prise Pfeffer
1 Prise Salz

Zubereitung
Alle Zutaten nacheinander in den Mixtopf geben. Auf
Stufe 5 / 1 Minute mischen. Eventuelle Reste nach unten
schieben und nochmals 30 Sekunden / Stufe 3.
Nochmals abschmecken. In saubere Gläser füllen und
genießen.

Kiwi Gurken Smoothie

Zutaten
200 g Kiwis, in Stücken
1 Salatgurke, geschält, in Stücken
300 g Apfelsaft
50 g Zitronensaft
80 g Zucker
1 Prise Salz

Zubereitung
Alle Zutaten nacheinander in den Mixtopf geben. Auf
Stufe 5 / 1 Minute mischen. Eventuelle Reste nach unten
schieben und nochmals 30 Sekunden / Stufe 3. In
saubere Gläser füllen und genießen.

Heidelbeere Orangen Bananen Mohn Smoothie

Zutaten
Fleisch einer Orange
100 g Heidelbeeren
2 Bananen
20 g Mohn
1 Pck. Vanille Zucker
1 Prise Zimt
2 EL Zitronensaft
350 g Mineralwasser

Zubereitung
Alle Zutaten außer den Mohn nacheinander in den
Mixtopf geben. Auf Stufe 5 / 1 Minute mischen. Nun
Mohn hinzu geben und nochmals 20 Sekunden auf Stufe
3 mischen. In saubere Gläser füllen und genießen.

Vanille Macarons

Zutaten
Macaronschalenteig
125 g gemahlene weiße Mandeln
150 g Puderzucker
100 g Zucker, fein
4 Eiweiße

Füllung
250 g Butter
Mark einer Vanilleschote
140 g Puderzucker
160 g Mandeln

Zubereitung
Wir beginnen mit den Macaronschalen.
Mandeln und Puderzucker in den Mixtopf geben und
nochmals auf Stufe 10/ 15 Sekunden mahlen. In eine
Schüssel umfüllen.
Den Topf reinigen. Den Schmetterling einsetzen und das
Eiweiß einfüllen. Auf Stufe 4/ ca. 2 Minuten steif
schlagen. Den Schmetterling entfernen. Nun die übrigen
Teigzutaten hinzugeben. Wer mag, kann noch ein paar
Tropfen Lebensmittelfarbe hinzugeben. Auf Stufe 2/ 15
Sekunden rühren. Die Masse in einem Spritzbeutel
umfüllen. Ein Backblech mit Backpapier belegen. Die
Masse portionsweise mit dem Spritzbeutel auf das Blech
setzen. Die Masse bei 150 Grad Umluft ca. 15 Minuten
backen. Die Schalen abkühlen lassen.
Füllung
Alle Zutaten für die Füllung in den sauberen Mixtopf
geben. Auf Stufe 5/ 30 Sekunden schlagen. Man braucht
eine Macaronschale als Oberteil und eine als Unterteil.
Die Schalen mit der Masse füllen und kaltstellen.

Brombeere Macarons

Zutaten
Macaronschalenteig
125 g gemahlene weiße Mandeln
150 g Puderzucker
100 g Zucker, fein
4 Eiweiße

Füllung
250 g Butter
Mark einer Vanilleschote
140 g Puderzucker
50 g Brombeermarmelade
1 Prise Zimt
160 g Mandeln gemahlen

Zubereitung
Wir beginnen mit den Macaronschalen.
Mandeln und Puderzucker in den Mixtopf geben und
nochmals auf Stufe 10/ 15 Sekunden mahlen. In eine
Schüssel umfüllen.
Den Topf reinigen. Den Schmetterling einsetzen und das
Eiweiß einfüllen. Auf Stufe 4/ ca. 2 Minuten steif
schlagen. Den Schmetterling entfernen. Nun die übrigen
Teigzutaten hinzugeben. Wer mag, kann noch ein paar
Tropfen Lebensmittelfarbe hinzugeben. Auf Stufe 2/ 15
Sekunden rühren. Die Masse in einem Spritzbeutel
umfüllen. Ein Backblech mit Backpapier belegen. Die
Masse portionsweise mit dem Spritzbeutel auf das Blech
setzen. Die Masse bei 150 Grad Umluft ca. 15 Minuten
backen. Die Schalen abkühlen lassen.
Füllung
Alle Zutaten für die Füllung in den sauberen Mixtopf
geben. Auf Stufe 5/ 30 Sekunden schlagen. Man braucht
eine Macaronschale als Oberteil und eine als Unterteil.
Die Schalen mit der Masse füllen und kaltstellen.

Baiser

Zutaten
4 Eiweiße
200 g Zucker

Zubereitung
Die Eiweiße in den Mixtopf füllen und den Schmetterling einsetzen. 7 Minuten auf Stufe 4 schlagen. Den Zucker vorsichtig einrieseln lassen und nochmals 2 Minuten auf Stufe 2 mischen. Den Schmetterling entfernen und die Masse in einen Spritzbeutel füllen. Ein Backblech mit Backpapier belegen und die Masse dekorativ hinauf geben. Für ca. 120 Minuten bei 100 Grad trocknen. Der Ofen muss hierbei nicht vorgeheizt werden.

Erdbeer Baiser

Zutaten
4 Eiweiße
180 g Zucker
50 g Erdbeermilch Pulver

Zubereitung
Die Eiweiße in den Mixtopf füllen und den Schmetterling
einsetzen. 7 Minuten auf Stufe 4 schlagen. Den Zucker
und das Erdbeermilchpulver vorsichtig einrieseln lassen
und nochmals 2 Minuten auf Stufe 2 mischen. Den
Schmetterling entfernen und die Masse in einen
Spritzbeutel füllen. Ein Backblech mit Backpapier
belegen und die Masse dekorativ hinauf geben. Für ca.
120 Minuten bei 100 Grad trocknen. Der Ofen muss
hierbei nicht vorgeheizt werden.

Pfefferminz Baiser

Zutaten
4 Eiweiße
200 g Zucker
1 TL Pfefferminzblätter, gemahlen

Zubereitung
Die Eiweiße in den Mixtopf füllen und den Schmetterling
einsetzen. 7 Minuten auf Stufe 4 schlagen. Den Zucker
und die Pfefferminzblätter vorsichtig einrieseln lassen
und nochmals 2 Minuten auf Stufe 2 mischen. Den
Schmetterling entfernen und die Masse in einen
Spritzbeutel füllen. Ein Backblech mit Backpapier
belegen und die Masse dekorativ hinauf geben. Für ca.
120 Minuten bei 100 Grad trocknen. Der Ofen muss
hierbei nicht vorgeheizt werden.

Zitronen Baiser

Zutaten
4 Eiweiße
200 g Zucker
1 TL Zitronenschale
1 TL Zitronensaft

Zubereitung
Die Eiweiße in den Mixtopf füllen und den Schmetterling einsetzen. 7 Minuten auf Stufe 4 schlagen. Den Zucker, Zitronenschale und Zitronensaft vorsichtig einrieseln lassen und nochmals 2 Minuten auf Stufe 2 mischen. Den Schmetterling entfernen und die Masse in einen Spritzbeutel füllen. Ein Backblech mit Backpapier belegen und die Masse dekorativ hinauf geben. Für ca. 120 Minuten bei 100 Grad trocknen. Der Ofen muss hierbei nicht vorgeheizt werden.

Möhren Muffins

Zutaten
200 g Butter
150 g Möhren, in Stücken
200 g Zucker
50 g Zucker braun
1 Pck. Backpulver
4 Eier
1 Pck. Vanillezucker
200 g Mehl
150 g Walnüsse gehackt
1 Prise Zimt
100 g Milch

Zubereitung

Alle Zutaten in den Mixtopf geben und auf Stufe 10/ 50 Sekunden mixen. Ein Muffinblech mit Papierformen auskleiden und zu einem Drittel mit Teig füllen. Bei 200 Grad ca. 18 bis 20 Minuten backen.

Kaffee Cupcake

Zutaten
Teig
180 g Zucker
180 g Butter
180 g Mehl
1 Päckchen Vanillinzucker
3 Eier
3 EL Kaffe Instantpulver
1 1/2 TL Backpulver
30 g Haselnüsse, gemahlen

Topping
250 g Butter
200 g Puderzucker
400 g Frischkäse natur
1 EL Kaffe Instantpulver
Mark einer Vanilleschote
1 Pck. Vanille Zucker

Dekor
Streusel, Lebensmittelfarbe, Schokolade je nach Vorliebe

Zubereitung

Den Backofen auf 180 Grad Ober und Unterhitze vorheizen. Die Zutaten für den Teig in den Mixtopf geben. Auf Stufe 5 / 50 Sekunden zerkleinern. Ein Muffinblech mit Papierförmchen auskleiden und jeweils zu zwei Dritteln mit Teig füllen. Etwa 20 bis 25 Minuten goldbraun backen. Abkühlen lassen. Den Mixtopf spülen und die Zutaten für das Topping hineingeben. Auf Stufe 2 / 1 Minute mischen. 1 Stunde im Kühlschrank erhärten lassen. In einen Spritzbeutel füllen und auf die Küchlein geben. Eventuell noch mit weiteren Dekor Artikeln garnieren.

Schokoladen Cookies

Zutaten
390 g Mehl
1 TL Salz
250 g weiche Butter
200 g Zucker
100 g brauner Zucker
2 TL Vanillezucker
2 Eier
50 g Kakaopulver
3 EL Milch

Zubereitung

Den weißen Zucker in den Mixtopf geben. Auf Stufe 10/ 20 Sekunden mahlen. Nun Mehl und Butter hinzugeben und nochmals auf Stufe 5/ 1 Minute mischen. Die übrigen Zutaten hinzufügen und auf Stufe 5/ 30 Sekunden mischen. Ein Backblech mit Backpapier belegen. Mit 2 Teelöffeln immer ein Löffelchen Teig auf das Papier geben. Etwas Abstand halten, da die Kleckse noch zerlaufen. Den Backofen auf 180 Grad Ober und Unterhitze einschalten. Das Backblech mit dem Teig hinein geben und ca. 15 Minuten backen. Auskühlen lassen.

Vanille Cupcake

Zutaten
Teig
180 g Zucker
180 g Butter
180 g Mehl
1 Päckchen Vanillinzucker
3 Eier
1 1/2 TL Backpulver
30 g Haselnüsse, gemahlen

Topping
250 g Butter
200 g Puderzucker
400 g Frischkäse natur
Mark einer Vanilleschote
1 Pck. Vanille Zucker

Dekor
Streusel, Lebensmittelfarbe, Schokolade je nach Vorliebe

Zubereitung

Den Backofen auf 180 Grad Ober und Unterhitze vorheizen. Die Zutaten für den Teig in den Mixtopf geben. Auf Stufe 5 / 50 Sekunden zerkleinern. Ein Muffinblech mit Papierförmchen auskleiden und jeweils zu zwei Dritteln mit Teig füllen. Etwa 20 bis 25 Minuten goldbraun backen. Abkühlen lassen. Den Mixtopf spülen und die Zutaten für das Topping hineingeben. Auf Stufe 2 / 1 Minute mischen. 1 Stunde im Kühlschrank erhärten lassen. In einen Spritzbeutel füllen und auf die Küchlein geben. Eventuell noch mit weiteren Dekor Artikeln garnieren.

Orangen Vanille Waffeln

Zutaten:
Waffeln
200 g Milch
200 g Sahne
Saft von 3 Orangen
Abgeriebene Schale
einer Bio Orange
250 g Zucker
500 g Mehl
200 g Butter
2 Pck. Vanille Zucker
6 Eier

Zubereitung
Alle Zutaten im Mixtopf einwiegen und auf Stufe 5 / 1
Minute vermischen. Das Waffeleisen vorheizen und den
Teig darin löffelweise abbacken.
Servieren und genießen.

Schmand Waffeln

Zutaten:
Waffeln
300 g Schmand
200 g Sahne
180 g Zucker
500 g Mehl
200 g Butter
2 Pck. Vanille Zucker
Saft einer Zitrone
6 Eier

Zubereitung
Alle Zutaten im Mixtopf einwiegen und auf Stufe 5 / 1
Minute vermischen. Das Waffeleisen vorheizen und den
Teig darin löffelweise abbacken.

Waffeln hübsch anrichten und genießen.

Blaubeer Waffeln

Zutaten:
Waffeln
500 g Buttermilch
100 g Blaubeeren
250 g Zucker
500 g Mehl
200 g Butter
1 Pck. Vanille Zucker
6 Eier

Zubereitung
Alle Zutaten im Mixtopf einwiegen und auf Stufe 5 / 1
Minute vermischen. Das Waffeleisen vorheizen und den
Teig darin löffelweise abbacken.
Die Waffeln mit Früchten oder Sahne garnieren.

Schokolade Erdbeere Waffeln

Zutaten:
Waffeln
500 g Milch
60 g Kakao
100 g Erdbeermarmelade
180 g Zucker
500 g Mehl
180 g Butter
1 Pck. Vanille Zucker
6 Eier

Zubereitung
Alle Zutaten im Mixtopf einwiegen und auf Stufe 5 / 1
Minute vermischen. Das Waffeleisen vorheizen und den
Teig darin löffelweise abbacken.

Waffeln hübsch anrichten und genießen.

Herzwaffeln mit Früchten und Kuvertüre

Zutaten:
Waffeln
300 g Milch
200 g Sahne
250 g Zucker
500 g Mehl
200 g Butter
1 Pck. Vanille Zucker
6 Eier

56

Zubereitung
Alle Zutaten im Mixtopf einwiegen und auf Stufe 5 / 1
Minute vermischen. Das Waffeleisen vorheizen und den
Teig darin löffelweise abbacken.

Zutaten:
Obst nach Wahl
1 Pck. Kuvertüre nach Anweisung
schmelzen

Zubereitung
Das Obst zerkleinern und auf den Waffeln anrichten.
Kuvertüre nach Anweisung schmelzen und über die
Waffeln drapieren.
Guten Appetit!

Honig Apfel Waffeln

Zutaten:
Waffeln
300 g Milch
100 g Sahne
100 g Apfelsaft
150 g Zucker
100 g Honig
500 g Mehl
200 g Butter
1 Pck. Vanille Zucker
6 Eier

Zubereitung
Alle Zutaten im Mixtopf einwiegen und auf Stufe 5 / 1
Minute vermischen. Das Waffeleisen vorheizen und den
Teig darin löffelweise abbacken.

Zutaten:
Apfelmus
500 g Äpfel, entkernt,
in Stücken
120 g Zucker
1 Prise Zimt

Zubereitung
Alle Zutaten in den Mixtopf einwiegen. Auf Stufe 10 / 30
Sekunden zerkleinern. Auf Varomastufe / Stufe 1/ 9
Minuten köcheln.

Auf den Waffeln hübsch anrichten und genießen.

Nachtrag zum Impressum / Copyright

Shutterstock. com

- Graphia
- Kogotkova
- Angelika Gr
- Morgan Studio
- Robert Kneschke
- Yeko Photo Studio
- Georgieva
- Olga Phienix
- Pearl
- Ana Mari West
- M Shev
- Natascha Photo
- Friies Larsen
- Konstantin
- Christopher Elwell
- Family Business
- ISchmidt
- Zidar
- Pustinnikova
- Barbara Nevei
- Brent Hofacker
- Avs
- Everything
- Sasgikant

Herstellung und Verlag:
BoD-Books on Demand, Norderstedt
ISBN: 978-3-7347-7988-6